Janucá

Lori Dittmer

semillas del saber

CREATIVE EDUCATION • CREATIVE PAPERBACKS

Publicado por Creative Education y Creative Paperbacks
P.O. Box 227, Mankato, Minnesota 56002
Creative Education y Creative Paperbacks son marcas editoriales de The Creative Company
www.thecreativecompany.us

Diseño de Ellen Huber
Producción de Colin O'Dea
Dirección de arte de Rita Marshall
Traducción de TRAVOD, www.travod.com

Fotografías de Alamy (Peter Horree), Getty Images (John Block/Photolibrary, Cavan Images, fhm/Moment, motimeiri/iStock), iStockphoto (christopherconrad, Instants, jcphoto, Kameleon007, LPETTET, lucky-photographer, motimeiri, RBOZUK, stray_cat, supercat67, John Theodor, tovfla, traveler1116, tunart, YekoPhotoStudio), Shutterstock (Africa Studio)

Información del Catálogo de publicaciones de la Biblioteca del Congreso is available under PCN 2019957365.
ISBN 978-1-64026-444-1 (library binding)
ISBN 978-1-62832-979-7 (pbk)

TABLA DE CONTENIDO

¡Hola, Janucá! 4

¿Cuándo es la Janucá? 6

Símbolos de la festividad 8

Recuperación del templo 10

Velas que duran mucho 12

Comidas de la festividad 14

¿Cómo celebra la gente? 16

¡Adiós, Janucá! 18

Dibuja la Janucá 20

Palabras que debes saber 22

Índice 24

¡Hola, Janucá!

Janucá es una fiesta **judía**.
Suele comenzar
en diciembre.

Estrella de David

Tiene una duración de ocho noches y ocho días. También se la llama Fiesta de las Luminarias.

Una menorá tiene nueve velas.

El dreidel es un trompo. Cada lado tiene una letra.

Hace mucho tiempo, el pueblo judío luchó contra un rey.

Y recuperó su ciudad.

La gente encendió velas en su **templo**.

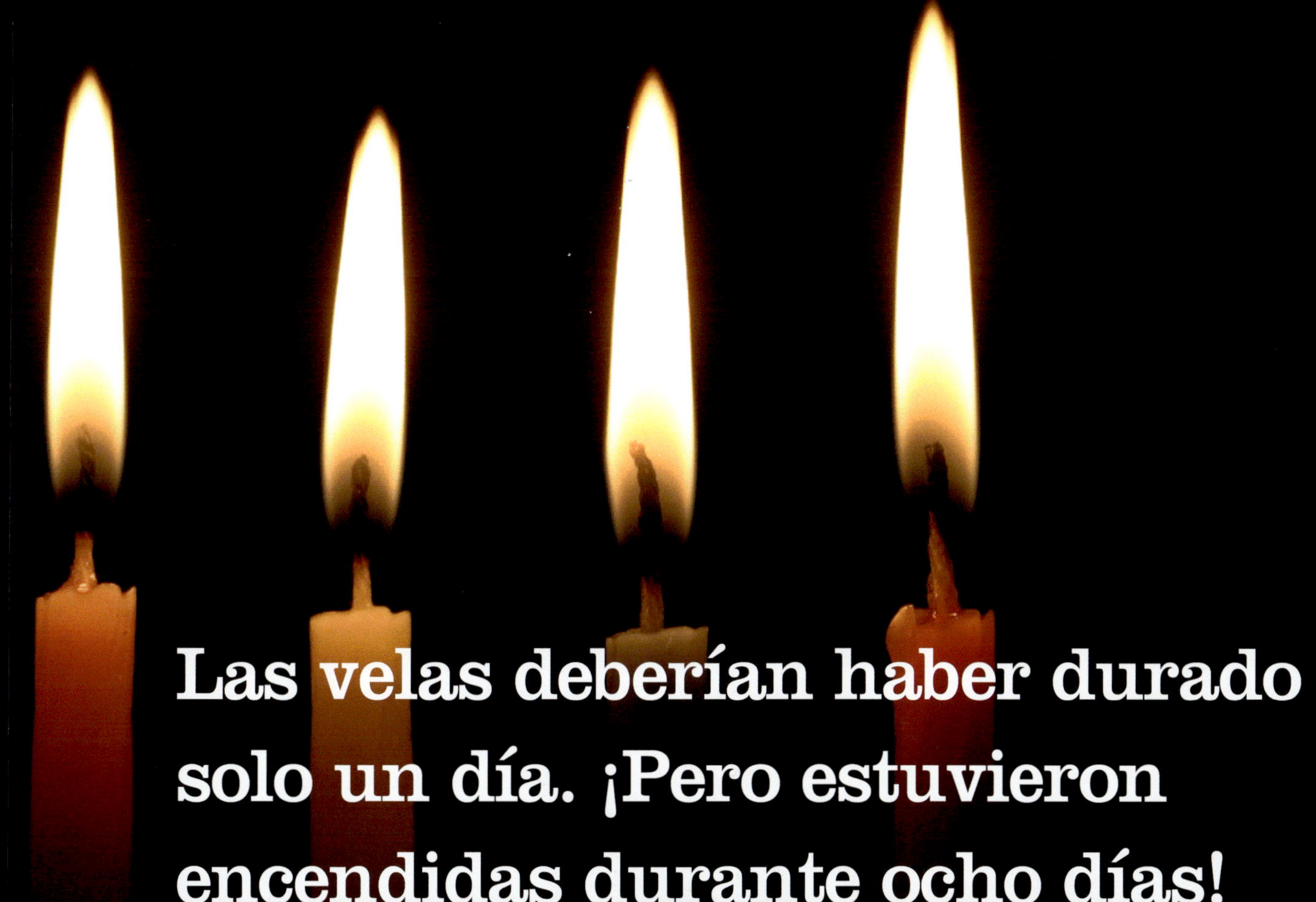

Las velas deberían haber durado solo un día. ¡Pero estuvieron encendidas durante ocho días!

Muchas comidas que se comen en Janucá se fríen en aceite.

La gente disfruta de rosquillas de jalea y tortitas de papa.

Las familias juegan al dreidel.

Ellos encienden velas. Los seres queridos se hacen regalos unos a otros.

¡Adiós,

Janucá!

Dibuja la Janucá

menorá

dreidel

monedas de chocolate

latkes

Palabras que debes saber

Judío: relacionado con los judíos, personas cuya religión es el judaísmo

menorá: un candelabro que se usa durante la Janucá

templo: edificio que se usa para la adoración

Índice

comidas 14, 15
época 6–7
Fiesta de las Luminarias 7
historia 10–11, 12–13
símbolos 8, 9, 16, 17
templos 12
tradiciones 16, 17
velas 8, 12, 13, 17